Wo fließt das Abwasser hin?

Was poliert der Polier?

Was ist ein Theodolit?

Warum hat ein Bagger Zähne?

Wo hat der Bagger seine Muskeln?

Warum haben manche Bagger Ketten, andere Räder?

Was macht der Kranführer, wenn er mal muss?

Wie kommt der Kran auf die Baustelle?

Wie hämmert ein Presslufthammer?

Wer wohnt im Bauwagen?

Impressum

Band 16 der Reihe
„Was Kinder wissen wollen"
2. Auflage 2005
Velber Verlag
© 2005 Family Media GmbH & Co. KG,
Freiburg i. Br.
Alle Rechte vorbehalten

Illustrationen: Detlef Kersten
Coverfoto: Hartmut W. Schmidt
Fotos: Hartmut W. Schmidt

Text und Redaktion: Ulrike Berger
Layoutentwurf: Christoph von Herrath
Layout: Anja Schmidt
Repro: Otterbach Medien, Rastatt
Druck: Proost, Belgien

ISBN 3-86613-283-2
ISBN 978-3-86613-283-2 (gültig ab 1.1. 2007)

Warum hat ein Bagger Zähne?

Verblüffende Antworten über Baustellen

Was mischt die Betonmischmaschine?

Die Antwort scheint einfach: Beton! Aber was ist Beton? Beton ist eine Mischung aus Sand, manchmal gemischt mit kleinen Steinen, Zement und Wasser. Zement sieht aus wie graues Mehl. Es ist eine ganz fein gemahlene Verbindung aus gebranntem Kalk und Ton. Wenn Zement mit Wasser verrührt wird, wird er steinhart. Das funktioniert wie bei Gipspulver, das mit Wasser vermischt wird!

Auf die richtige Zusammenstellung kommt es beim Beton an. Zement mit Sand und Kies braucht man für Brücken, Fundamente, Betonwände, Decken und vieles mehr.

Nach 24 Stunden ist dieser Beton so hart, dass man darauf gehen kann. Aber erst nach vier bis sechs Wochen ist er richtig ausgehärtet.

Für den Bau von Mauern braucht man ganz feinen Beton, Mörtel genannt. Das ist eine Mischung aus Zement und Sand. Das wird so lange mit Wasser verrührt, bis es eine schön sämige Masse ergibt. Nun kann man den Mörtel als „Klebstoff" auf die Steine aufbringen und so eine Mauer aufbauen.

Mami, damit kann man prima Beton machen!

Was ist Stahlbeton?

Wenn man über eine Betonplatte, zum Beispiel die Kellerdecke eines Neubaus, läuft, beginnt diese Platte ganz leicht zu schwingen. Wäre die Decke nur aus reinem Beton gebaut, würde sie zerbrechen. Doch sie ist aus Stahlbeton gemacht. Das ist Beton, in dem Stahlstäbe oder Stahlmatten eingearbeitet sind. Die Stahlmatten fangen die Schwingungen auf und verhindern so, dass der Beton bricht.

Übrigens:
Es gibt einen speziellen Beruf, den Stahlflechter, der solche Stahlmatten zusammenbaut. Das ist auf dem kleinen Foto zu sehen. Auf dem großen Bild sieht man, wie ein Arbeiter die fertigen Matten mit flüssigem Beton ausgießt.

Nur Mut! Einer muss der Erste sein. Wir sind auch neugierig, ob die Brücke hält...

Wohin bringt der Laster die ausgehobene Erde?

Wohin der Kipplader fährt, hängt davon ab, woraus der „Erdaushub" besteht. Ist es guter Mutterboden, wird dieser gleich in der Nähe der Baustelle gelagert. Denn Mutterboden wird später gebraucht, um die Reste der Baugrube wieder aufzuschütten. Mit dem Rest (Lehm, Kies, Steine) fährt der Kipplader zu einer Kiesgrube. Dort werden Sand und Kies herausgefiltert. So können sie auf einer anderen Baustelle, zum Beispiel im Straßenbau, wieder verwendet werden.

Übrigens:
Mutterboden nennt man fruchtbare Erde. Sie enthält viele kleine Lebewesen, winzige Pflanzen und Tiere, Mikroflora und Mikrofauna genannt.

Was passiert mit dem Bauschutt?

Wenn ein Gebäude abgerissen wird oder wenn eine alte Straße aufgerissen wird, entsteht viel Bauschutt. Dieser wird in ein Recyclingwerk gefahren.

Eine Bauschuttrecyclinganlage mischt den Schutt mit Sand und mahlt ihn klein zu so genanntem Schotter. Dieser Schotter wird als Untergrund beim Straßenbau verwendet. Außerdem nutzt man ihn, um Fußwege zu befestigen – die Schotterwege.

Übrigens:
Auf großen Baustellen steht die Bauschuttrecyclinganlage meist direkt vor Ort.

Wie wird eine Straße gebaut?

Wenn die Autobahnmeisterei eine Straße neu aufarbeitet, reißt ein Bagger die alte Straße 60 Zentimeter tief auf. Die erste Schicht besteht dann aus einer 20 Zentimeter dicken Lage Kies. Darauf kippt ein Muldenkipper 20 Zentimeter nasses Mineralgemisch (eine Mischung aus Kalk, Steinen und Sand). Rüttler pressen diese nasse Mischung fest. Jetzt kommt die Tragschicht: 18 Zentimeter Asphalt. Dieser besteht aus Bitumen, einem Klebstoff aus Erdöl, und kleinen Steinen, Split genannt. Ganz zum Schluss (das ist auf dem Foto zu sehen) trägt ein Deckenfertiger die Fahrbahndecke auf. Sie ist nur vier Zentimeter dick. Auch sie besteht aus Split und Bitumen, aber in einer anderen Mischung als die Tragschicht. Walzen glätten zum Abschluss die neue Fahrbahn.

Übrigens:
Nicht immer wird eine alte Straße komplett neu gemacht. An manchen Autobahnbaustellen wird auch nur die Fahrbahndecke erneuert, weil die Laster zu tiefe Spuren eingegraben haben. Dann fräst eine Asphaltfräse die oberen vier Zentimeter ab und trägt eine neue Fahrbahndecke auf.

Was rüttelt ein Rüttler?

Rüttelplatten sind „Bodenverdichter". Sie sind vor allem dort im Einsatz, wo Straßen gebaut werden. Der Untergrund aus Kies, Sand und Steinen muss dicht zusammengerüttelt werden. Das ist die Arbeit der Rüttler. Erst wenn die Bauarbeiter sicher sind, dass sich keines der Steinchen mehr bewegen kann, wird die Fahrbahndecke aufgetragen.

Wenn der Fahrbahnuntergrund nicht fest genug ist, kann Folgendes passieren: Durch die Erschütterung der Autos, die über die Fahrbahn fahren, rutschen die Steinchen immer dichter zusammen. Regenwasser dringt ein und spült einige Steinchen fort. Mit der Zeit entstehen so Löcher unter der Fahrbahndecke. Und irgendwann bricht die Fahrbahndecke über dem Loch unter dem Gewicht eines Lastwagens ein!

Ein Versuch:
Fülle ein Vorratsglas zügig bis oben hin mit Cornflakes. Das sind unsere Steinchen. Verschließe das Glas – der Deckel ist die Fahrbahndecke. Nun schüttelst du das Glas leicht hin und her (Autos fahren über die Fahrbahn). Langsam rutschen die Cornflakes immer dichter zusammen – und zwischen „Steinchen" und „Fahrbahndecke" entsteht ein großes Luftloch. Eines Tages fährt ein „Lastwagen" darüber – und die „Fahrbahndecke" stürzt ein.

Wie schwer ist eine Walze?

Baumaschinen, die statt Rädern vorne und hinten eine Walze haben, werden Tandemwalzen genannt. Tandemwalzen glätten im Straßenbau die letzte Steinschicht, bevor der Asphalt aufgetragen wird. Und sie pressen den frisch aufgetragenen Asphalt zusammen. Eine solche Walze kann bis zu 11 000 Kilogramm wiegen. Damit wiegt sie fast so viel wie zwei ausgewachsene Elefanten. Stell dir vor, ein Elefant tritt dir auf den Fuß. Jetzt kannst du dir auch ungefähr vorstellen, mit welcher Kraft eine Walze auf den Asphalt drückt.

Übrigens:
Walzen sind für den normalen Straßenverkehr nicht zugelassen. Denn mit einer Spitzengeschwindigkeit von 12 km/h würden sie jeden Verkehr blockieren. Walzen werden daher auf speziellen Schleppern zur Baustelle gefahren.

Nein, besonders schnell ist sie nicht. Aber die Straßenlage ist fantastisch!

Was fließt durch die Leitungen?

Wenn neue Wohngebiete angelegt werden oder eine neue Straße gebaut wird, müssen auch Leitungen neu verlegt werden. Woran kann man sicher erkennen, was durch welche Leitung fließt?
Blaue Leitungen (oder schwarze mit blauem Streifen) sind Wasserleitungen, durch gelbe oder orange Leitungen strömt Gas. In den schwarzen Rohren mit einem Telefonhörer darauf liegen die Kabel der Post. Das sind die Telefonleitungen und die Leitungen für das Kabelfernsehen. Elektrische Leitungen sind rot oder schwarz (früher blau), je nachdem, ob es eine Hochspannungsleitung oder eine Niederspannungsleitung ist.

Übrigens:
An der Dicke der Leitung kann man sehen, wie viele einzelne Häuser eine solche Leitung versorgen muss: In Hauptstraßen liegen die dicksten Leitungen, denn von hier aus werden alle einzelnen Häuser entlang der Seitenstraßen versorgt. Hauptleitungen können bis zu 80 Zentimeter dick sein, bei sehr großen Städten sogar noch breiter. In die einzelnen Häuser zweigen dünnere Leitungen von ungefähr zwei bis acht Zentimetern Durchmesser ab.

Ich bringe die Leitungen für das Neubaugebiet!

Was bedeuten die Schilder an den Pfosten?

An Straßenschildern, Laternenpfählen oder Zäunen findest du oft solche Schilder. Die blauen Schilder zeigen an, wo ein „Wasserschieber" im Untergrund zu finden ist. Wenn ein neues Haus einen Wasseranschluss bekommt, muss von der Hauptleitung eine Wasserleitung ins Haus gelegt werden. Zwischen dem Knotenpunkt unter der Straße und dem Haus wird ein „Schieber" angebracht, eine Art Hahn, mit dem man die Wasserzufuhr in das Haus stoppen kann. Auf dem Schild erkennt man, wo dieser Schieber ist. Das blaue Schild rechts oben zeigt zum Beispiel an, dass der Wasserschieber 8,9 Meter rechts vom Schild und 0,7 Meter davor zu finden ist.

Wenn es zu einem Wasserrohrbruch kommt, kann man diesen Schieber schnell finden und zudrehen. Dann läuft kein Wasser mehr ins Haus – und der Klempner kann das undichte Rohr in Ruhe flicken.
Gelbe Schilder zeigen an, wo sich ein Gasschieber befindet. Weiße Schilder mit rotem Rand kennzeichnen einen Hydranten.

Woher weiß man, wo ein Kabel liegt?

Bei den Stadtwerken liegen natürlich genaue Pläne, wo die Kanäle, Leitungen und alle Abzweigungen sind. Außerdem gibt es ein paar „Hilfsangaben". Jede Leitung liegt in einer ganz bestimmten Höhe. Wasser liegt ungefähr 1,20 Meter tief, Gas einen Meter, Strom 80 Zentimeter und das Postkabel 60 Zentimeter tief unter der Straße.

Wenn man mit dem Graben beginnt, gibt es noch einen wichtigen Hinweis: Beim Verlegen wird 30 bis 60 Zentimeter unter der Oberfläche über der Leitung ein Trassenwarnband gelegt, in der gleichen Farbe wie die Leitung! Dann erst wird der Boden aufgeschüttet. Wenn später ein Bagger gräbt, findet man zuerst das Plastikband und kann aufpassen.

Übrigens:
Direkt über die Leitungen wird kein Kies geschüttet. Denn die kleinen Steine könnten sich unter dem Gewicht des Straßenbelags in die Leitungen hineindrücken. Deswegen liegt über allen Leitungen eine dicke Schicht feiner Sand!

Wo fließt das Abwasser hin?

Regenwasser und Schmutzwasser (von Toiletten, Duschen, Waschbecken) müssen aus den Häusern und Wohngebieten abgeleitet werden. Dazu sind die Kanäle unter der Straße da. Manchmal gibt es nur einen Kanal – einen Mischwasserkanal. Dort fließen Schmutz- und Regenwasser gemeinsam hinein. Meist gibt es aber zwei Kanäle. Ungefähr 60 Zentimeter unter der Oberfläche liegt der Regenwasserkanal, eine großes Rohr aus Beton. Dessen Inhalt mündet direkt in den Fluss. Deutlich tiefer, bis zu sechs Meter, wird der Schmutzwasserkanal verlegt. Das kann auch ein Betonrohr sein, ist jedoch oft ein Rohr aus Hartkunststoff. Dieses Wasser wird erst in einer Kläranlage gereinigt, bevor es in den Fluss gelangt.

In der Straße liegen viele Kontrollschächte – die Gullis. Dort kann man direkt in die Kanäle hineinschauen.

Übrigens:

Beim Verlegen dieser Rohre kannst du genau erkennen, in welche Richtung das Wasser fließen wird. Das spitzere Ende der einzelnen Rohre zeigt in Fließrichtung. Am dicken Ende, der „Muffe", erkennst du, wo das Wasser herkommt.

Was poliert der Polier?

Der Polier ist der Chef auf der Baustelle! Er plant genau die einzelnen Arbeiten auf der Baustelle und überwacht ihre Ausführung. Dabei muss er sorgfältig alle Gesetze und Vorschriften beachten.
Der Name hat also nichts mit „polieren" zu tun. Er stammt wohl eher von dem mittelhochdeutschen Wort „parlieren", das „sprechen" bedeutet: Im Mittelalter war der Vorarbeiter der Maurer und Zimmerleute auch ihr Sprecher!

Der neue Polier soll ja ganz lustig sein...

Was ist ein Theodolit?

Bevor die großen Maschinen auf ein Baugrundstück rollen, stehen dort oft Ingenieure mit einem solchen merkwürdigen Apparat. Das ist ein Theodolit. Er besteht im Wesentlichen aus einem Messfernrohr, das sich nach oben, unten und zur Seite schwenken lässt. Im Fernrohr ist ein Fadenkreuz zu sehen und eine Messskala.

Der Vermesser kann damit durch mathematische Berechnungen ganz genau Entfernungen und Höhen messen. So kann er zum Beispiel Grundstücksgrenzen berechnen, den Verlauf von Häuserwänden festlegen und vieles mehr.

Übrigens:
Es gibt noch ein ähnliches Messgerät, das Nivelliergerät. Damit lassen sich aber nur Höhen vermessen. Dazu steht meist ein zweiter Mitarbeiter mit einer Messlatte bereit. Sicher unterscheiden kannst du die beiden Messgeräte daran, dass das Fernrohr beim Nivelliergerät immer genau waagerecht steht und sich nicht kippen lässt.

Zugegeben: das Grundstück ist nicht besonders breit, aber dafür sehr tief!

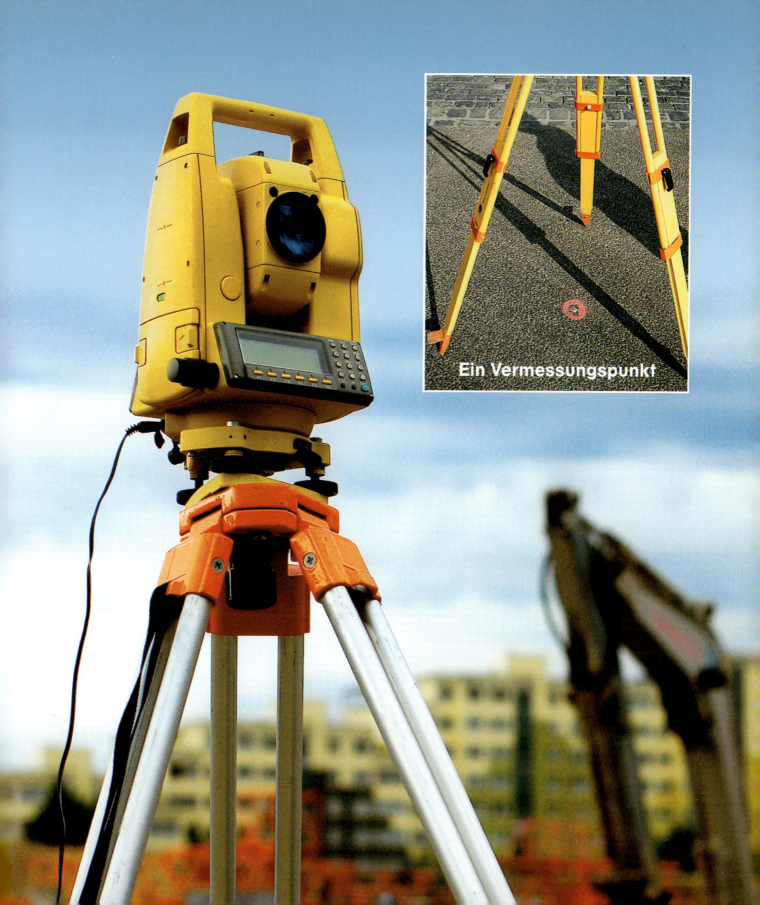

Ein Vermessungspunkt

Warum hat ein Bagger Zähne?

Die Frage kann man auch anders stellen: Warum hat die Natur Zähne erfunden? Alle Tiere, die ihre Nahrung zerreißen müssen, haben Zähne! Je spitzer die Zähne sind, desto besser kann das Tier zupacken. Genau so ist es bei Baggerschaufeln. Manche Baggerwerkzeuge, zum Beispiel Grabenräumlöffel, haben keine Zähne. Sie müssen nur lockere Erde aufnehmen. Wenn es jedoch darum geht, in harten Boden einzudringen oder gar in Felsen, braucht der Bagger eine Schaufel mit Zähnen.

Übrigens:
Es gibt verschiedene Werkzeuge, mit denen ein Bagger arbeiten kann. „Standardlöffel" haben in der Regel zwischen zwei und sechs Zähne. Die Schaufeln von Radladern können auch deutlich mehr Zähne haben. Aber es gibt noch viel mehr Werkzeuge für den Bagger, zum Beispiel Aufreißhaken, Betonabbruchscheren, Greifer, Palettengabeln und vieles mehr.

Ihr Bagger ist krank! Er hat Karies.

Wo hat der Bagger seine Muskeln?

Einen Baggerarm kannst du dir vorstellen wie deinen eigenen Arm. Es gibt einen Oberarm, einen Unterarm und eine Hand – die Schaufel. Verbunden sind sie mit drei Gelenken, die der Schulter, dem Ellenbogen und dem Handgelenk entsprechen. An deinem Arm arbeiten Muskeln, um die verschiedenen Knochen deines Arms zu beugen oder zu strecken. Beim Bagger sind hierfür die Zylinderkolben zuständig. Jeder Zylinder kann einen Teil des Baggerarms entweder näher ziehen oder ihn wegschieben. Jeder dieser Zylinderkolben wird durch ein anderes Ventil kontrolliert. Der Baggerführer muss für eine einzelne Bewegung mindestens vier Ventile gleichzeitig steuern!

Die Flüssigkeit, die den Baggerkolben bewegt, ist Öl. An einem Ende wird das Öl in einen Schlauch gepresst. Am anderen Ende des Schlauchs – zum Beispiel an der Schaufel – drückt das zusammengepresste Öl einen Zylinder auseinander. Die Kraft, die an einem Ende angewandt wird, wird also durch das Öl an ein ganz anderes Ende übertragen. „Hydraulik" nennt man dieses Prinzip.

Warum haben manche Bagger Ketten, andere Räder?

Mobilbagger haben Räder. Sie fahren selbst an die Baustelle und können sich dort gut bewegen, weil sie sehr wendig sind.
Kettenbagger, auch Raupenbagger genannt, sind mit Gleisketten versehen. Sie müssen auf Lastwagen geladen und so an die Baustelle gefahren werden. Dort sind sie um einiges schwerfälliger als Mobilbagger.

Ihr Vorteil ist aber, dass sie in sehr schwierigem Gelände arbeiten können, zum Beispiel an steilen Hängen. Denn die Raupenketten sorgen auf jedem Untergrund für sicheren Halt. Außerdem können Kettenbagger viel schwerere Gewichte heben, als es Mobilbaggern möglich ist.

Aber meiner kann auf schwierigerem Gelände eingesetzt werden...

Was macht der Kranführer, wenn er mal muss?

Hoch oben über der Baustelle ist der Arbeitsplatz eines Kranführers. Die Kabine ist nur durch eine Leiter zu erreichen. Bei einem 80 Meter hohen Kran, wie er auf manchen Großbaustellen zu finden ist, dauert diese Klettertour fast zehn Minuten! Da ist tagsüber ein kleiner Toilettenausflug nach unten nicht drin – ein Kranführer muss sich also genau überlegen, was er oben essen oder trinken will, damit er in den acht Stunden Arbeit nicht mal schnell muss …

Übrigens:
Auf kleineren Baustellen ist der Kranführer die meiste Zeit gar nicht oben in der Kabine! Er steht unten auf der Erde und lenkt seinen Kran mit einer Fernbedienung.

Wie kommt der Kran auf die Baustelle?

Kleine Krane werden an einen Lastwagen gehängt und zur Baustelle gefahren. Dort können sie sich selbst aufbauen. Dies gelingt, weil ein solcher Kran „von unten her" hochgeschoben werden kann und so in die Höhe wächst. Der Ausleger wird zum Schluss einfach ausgeklappt.

Die riesigen Turmdrehkrane werden in mehreren Einzelteilen auf LKWs verladen. Vor Ort baut ein Autokran die Einzelteile zusammen. Autokrane haben Teleskopstangen, die weiter hinauf reichen können, als der Turmdrehkran später hoch sein wird. Und so setzt der Autokran den Turmdrehkran wie einen Turm aus Bausteinen Stück für Stück aufeinander. Die einzelnen Teile werden fest miteinander verschraubt.

Das ist der Kran, und hier ist die Aufbauanleitung!

Wie hämmert ein Presslufthammer?

Die wichtigsten Teile des Presslufthammers sind in einer Röhre übereinander gebaut. Unten ist der Meißel mit einer Stahlfeder. Auf dem Meißel ist der Amboss befestigt. In der Mitte der Röhre bewegt sich ein Kolben. Wenn der Presslufthammer betätigt wird, strömt über einen Schlauch Druckluft unterhalb des Kolbens in die Röhre. Sie schiebt den Kolben nach oben. Dadurch wird die Luft oberhalb des Kolbens ganz fest zusammengepresst. Stell dir vor, oben in der Röhre würde ein Luftballon zusammengepresst!

Sofort schaltet ein kleines Ventil die Druckluft um. Sie fließt nun oben in die Röhre hinein. Die zusammengepresste Luft darf sich jetzt ausdehnen und jagt zusammen mit der Druckluft den Kolben mit riesigem Druck nach unten. Dieser fällt mit Schwung wie ein Hammer auf den Amboss. Und der Meißel wird durch den Stoß in den Boden geschlagen. Dann beginnt das Ganze von vorne – viele Male in der Sekunde.

Machen Sie ruhig weiter – Ihr Geigenspiel stört mich nicht!

Wer wohnt im Bauwagen?

Die meisten Bauwagen sind Aufenthaltsräume für die Arbeiter auf der Baustelle. Solche Bauwagen sind mit einer kleinen Küche, Tisch und Stühlen ausgestattet. In anderen Bauwagen finden Einsatzbesprechungen statt – hier stehen Schreibtische und das Telefon. In manchen Bauwagen werden Geräte und Werkzeuge aufbewahrt.

Auf Großbaustellen findet man statt der Bauwagen Container, die man übereinander stapeln kann. Hier gibt es Bürocontainer, voll ausgestattet mit Schreibtischen, Computern und vielem mehr. In anderen stehen Küchen oder es wird Baumaterial gelagert.

Und wieder andere, wie hier auf dem Bild zu sehen, dienen als Unterkunft für die Bauarbeiter. Hier sieht es aus wie in einer Wohnung: Es gibt mehrere Betten, Schränke, einen Tisch, Stühle und natürlich einen Fernseher. Für Bauarbeiter, die sonst jeden Tag einen langen Weg von zu Hause zur Baustelle fahren müssten, sind Wohncontainer eine praktische Lösung.

Was Kinder wissen wollen

In der Reihe „Was Kinder wissen wollen"
sind bereits folgende Titel erschienen:

Was wäscht der Waschbär?
ISBN 3-89858-072-5

Woher kommen
Blitz und Donner?
ISBN 3-86613-073-2

Warum haben wir
zehn Zehen?
ISBN 3-86613-200-X

Wie spült die Klospülung?
ISBN 3-89858-257-4

Können Schmetterlinge
hören?
ISBN 3-89858-227-2

Was spuckt ein Vulkan?
ISBN 3-86613-228-X

Wo ist im Weltall
oben und unten?
ISBN 3-89858-237-X

Warum hat
ein Bagger Zähne?
ISBN 3-86613-283-2

Warum stinkt der Käse?
ISBN 3-86613-293-X

Warum tragen
Indianer Federn?
ISBN 3-86613-294-8

Wann ist der Ball
im Tor?
ISBN 3-86613-506-8